A Mulher do Franks Tem

GRUPO ESTRELA
Presidente: Carlos Tilkian
Diretor de marketing: Aires Fernandes
Diretor de operações: José Gomes

EDITORA ESTRELA CULTURAL
Publisher: Beto Junqueyra
Editorial: Célia Hirsch
Assistente editorial: Ana Luíza Bassanetto
Ilustrações: Fernanda Morais
Projeto gráfico: Estúdio Versalete
(Christiane Mello, Fernanda Morais e Karina Lopes)
Revisão de texto: Luiz Gustavo Micheletti Bazana

Dados Internacionais de Catalogação na Publicação (CIP)
(Câmara Brasileira do Livro, SP, Brasil)

Camargo, Maria Amália
  A mulher do Franks tem / Maria Amália Camargo ;
ilustração Fernanda Morais. -- Itapira, SP : Editora
Estrela Cultural, 2018.

  ISBN 978-85-45559-16-0

  1. Poesia - Literatura infantojuvenil I. Morais,
Fernanda. II. Título.

18-17322   CDD-028.5

Índices para catálogo sistemático:

1. Poesia : Literatura infantil   028.5
2. Poesia : Literatura infantojuvenil   028.5

Maria Paula C. Riyuzo - Bibliotecária - CRB-8/7639

1ª edição – Itapira, SP – 2018
Todos os direitos da edição reservados a:

Editora Estrela Cultural

✉ estrelacultural@estrela.com.br
🔗 www.estrela.com.br
📞 São Paulo: (11) 2102-7070
   Demais localidades: 0800-7045520

Maria Amália Camargo

a Mulher do Franks Tem

ilustrações
Fernanda Morais

Para minha brilhante
e pirilampa comadre
Pamela (Daniella)

A esposa de Francisco
Francelino – Franks,
para os íntimos –
parecia uma libélula de
tão leve e bela que era.

A moça também era
vaidosa e vivia brigando
com o espelho.
Implicava com tudo: até
em ovo via pelo!

Seu maior sonho era ter uma cinturinha
de marimbondo. Então um dia ela
rodou, rodou e rodou um bambolê até o
brinquedo ficar zonzo.

Sua barriga ficou tão gasta de girar
aquele aro... Não é que o efeito saiu
melhor do que o esperado?

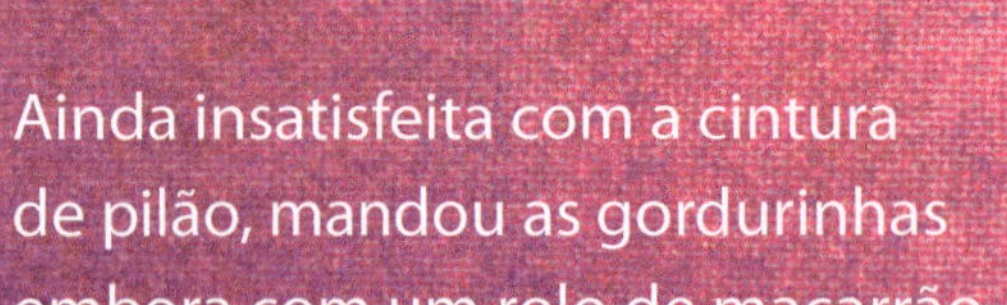

Ainda insatisfeita com a cintura
de pilão, mandou as gordurinhas
embora com um rolo de macarrão.

Amassa daqui, pressiona dali:
a moça virou uma tanajura!
O pneuzinho arriou e foi parar
lá na... Que barafunda!

Mas a moça gostou tanto do resultado que não parou por aí, não. Tentando ficar ainda mais bonita, ela passou a mudar de aparência feito...

... um camaleão!

O Franks olhava, olhava e não via defeitos. Até os mindinhos tortos da esposa para ele eram perfeitos.

Dia e noite, noite e dia ouvindo *nhenhenhém*... Ah, marido pra engolir tanto sapo, só a mulher do Franks tem!

Uma semana depois, a mesma moça desejou ter lindas maçãs do rosto e olhos de jabuticaba; lábios de mel, pele de pêssego e um narizinho de batata.

Então, ela encheu uma banheira com baldes e mais baldes de salada de fruta e... Tchibum! Nadou naquela sobremesa como se fosse uma truta.

A tal ideia não adiantou em nada. Horas depois, ela voltou do mergulho igual a uma uva-passa: toda enrugada!

A esposa de Francisco Francelino – o Franks, para os íntimos – que até aquele momento não tinha nenhuma ruga, agora ao se olhar no espelho enxergava... uma tartaruga!

O marido não dava um pio enquanto escutava o *nhenhenhém*. Mas pensava: todo adulto tem pés de galinha. Até a mulher do Franks tem!

Para ficar com a pele de novo nos trinques, a moça usou o velho truque dos pregadores e da caixa de clipes!

E com tanta coisa espetada, tentando deixar o rosto bem lisinho, ela acabou a cara de...

... um porco-espinho!

O marido preferia ser cutucado por um cacto a ter de ouvir tanto *nhenhenhém*. Mas sabia que todo mundo tem dias de não me toques: até a mulher do Franks tem!

No dia seguinte, a moça quis
um cabelo cheio de brilho –
com fios e mais fios da cor
do milho!

Então ela enrolou mecha por
mecha em uma porção de
espigas. Sem imaginar que
depois de um tempo os bobes
seriam motivo de briga.

Debaixo do sol quente,
daquela cabeça cheia de
minhocas, de repente
começaram a... pop-pop-
pop... brotar pipocas!
Os milhos estouraram
rapidinho, transformando
sua cabeleira em...

... comida de passarinho!

Da esposa do Francisco Francelino – o Franks, para os íntimos – não sobrou nem sombra de migalha. Ela agora parecia...

... uma espantalha!

O marido preferia pentear a juba de um leão a ter de ouvir tanto *nhenhenhém*. Mas sempre dizia que todo mundo tem uma história cabeluda pra contar: até a mulher do Franks tem!

Então, numa linda tarde de domingo, a moça encasquetou em ter pernas tão compridas e fininhas quanto as de um flamingo.

Quando ela se preparava para ter um corpo sustentado por dois longuíssimos palitos... eis que surge Francisco Francelino.

O Franks fez uma declaração de amor do avesso: disse que a esposa virara a mulher dos seus pesadelos! E falou, falou... Falou pelos cotovelos. A mulher foi ficando com uma tromba gigante. Parecia...

... um elefante!

O marido continuou no
maior *nhenhenhém*. Mas...
Todo mundo tem o direito
de torcer o nariz: até a
mulher do Franks tem!

O Franks terminou o discurso pedindo que a esposa fizesse as pazes com o espelho. E não é que uma luzinha se acendeu e ela ouviu seu sábio conselho?

A mulher do Franks resolveu tomar uma atitude depois de ver...

... um vaga-lume!

Um ser não especialmente bonito por fora, mas iluminado por dentro. Era tudo o que ela queria ser a partir daquele momento.

escritora

Maria Amália Camargo

Nasci em Santos, em 1977. Quando tinha 8 anos, minha família se mudou para o apartamento da bisavó Rosalina em São Paulo. Um lugar cheio de velhas novidades. Entre elas, uma máquina de escrever. Foi o suficiente para eu e meu irmão montarmos uma agência de detetives, onde eu era a responsável pelos relatórios das investigações. Assim nasceu o João Banana, um bandido mais atrapalhado do que perigoso. Assim nasceu meu gosto por contar histórias.

Anos depois, formei-me em Letras pela USP. Enquanto ainda estava na faculdade, estagiei em projetos de arte-educação para crianças no Museu de Arte Contemporânea da mesma universidade. Foi aí que eu descobri o público com quem gostaria de trabalhar.

Desde 2006 eu me divirto com a literatura infantojuvenil. Seja inventando histórias ou traduzindo histórias de outros autores, quando a gente faz o que gosta o trabalho é uma eterna brincadeira.

ilustradora
**Fernanda
Morais**

Durante a graduação em Desenho
Industrial, que cursei na PUC-Rio,
descobri meu fascínio por livros
infantis. Meu interesse em ser
ilustradora me levou ao curso de pós-
graduação em ilustração e técnicas de
comunicação visual na EINA (Escola
de Disseny i Arts), em Barcelona.
Comecei a ilustrar livros infantis
em 2010. Hoje sou sócia do Estúdio
Versalete e pesquisadora na área de
imagens narrativas no livro ilustrado
para crianças e jovens no curso
de mestrado do Programa de Pós-
graduação em Design da Escola de
Belas Artes da UFRJ.

Este livro é composto em Myriad Pro,
corpo 12,8 pt.

9 788854 555916